Inv. 27 17562

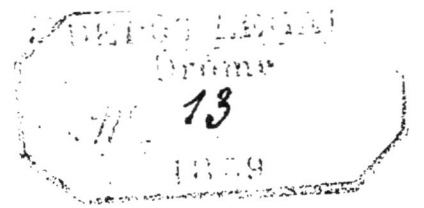

RIVAROL
SA VIE ET SES OEUVRES

Par M. Léonce CURNIER, ancien Député, Receveur général du Gard.

COMPTE RENDU DE CET OUVRAGE

ou

Coup d'œil historique et philosophique sur les dernières années du XVIIIe siècle

ET SUR LA RÉVOLUTION FRANÇAISE

PAR

L'ABBÉ JOUVE, CHANOINE

Gradué ès-lettres et en droit, Membre de l'Institut des Provinces et de plusieurs Sociétés savantes, etc., etc., etc.

VALENCE
CHEZ MARC AUREL, LIBRAIRE-ÉDITEUR

—

1859

RIVAROL, SA VIE ET SES OEUVRES

COMPTE RENDU

Par l'abbé JOUVE.

§ Ier.

Ce livre, dû à la plume d'un écrivain naguère receveur général de la Drôme, qui garde de lui le plus honorable souvenir, a, dès son apparition, valu à l'auteur une place distinguée dans le monde littéraire où il a fait une véritable sensation. Nous savons que M. Léonce Curnier a reçu, à cette occasion, de divers points de la France et spécialement de Paris des compliments aussi flatteurs que bien mérités.

Le personnage dont il nous raconte avec tant de charme la vie bizarre et tourmentée, est un de ces hommes dont les œuvres littéraires et les actions dépendirent tellement des circonstances et souvent même des caprices du moment, qu'il devient très-difficile de les rattacher à un principe commun et de les coordonner d'après un plan déterminé. Comment, en effet, traiter un pareil sujet avec une certaine suite et un certain enchaînement, sans diminuer l'intérêt qu'il inspire, sans nuire à la variété de tons qu'il admet?

M. Curnier s'est tiré de cette périlleuse entreprise avec bonheur. Il considère Rivarol, avant la révolution, dans le cours de la révolution et pendant l'émigration. Cet ordre, dit-il, est le meilleur, car il marque bien les trois grandes périodes de cette existence si pleine et si agitée; il facilite l'examen des ouvrages sortis d'une plume tour-à-tour plaisante et sévère, en même temps qu'il permet de faire exactement la part de l'influence qu'exercent toujours sur un écrivain le milieu dans lequel il se trouve, l'atmosphère dont il est environné.

Dans la première partie, nous voyons les commencements de Rivarol, né en 1754, à Nîmes, selon les uns, à Bagnols, selon les autres, d'une famille qui se disait issue des comtes de Rivarola en Italie, mais réduite à tenir une humble auberge, en sorte que les destins le firent naître, comme Voiture, gentilhomme dans la taverne d'un marchand de vin. D'abord élève du petit séminaire de Sainte-Garde, à Avignon, il passa ensuite dans une étude de procureur. Ce fut en l'an 1774, qu'ayant dit adieu à la vie de province, il arriva dans la capitale où l'appelaient ses goûts littéraires et où les plus beaux succès lui étaient réservés. Présenté à d'Alembert, il fut bientôt introduit par ce coryphée de la philosophie, dans tous les salons où il ne tarda pas de briller par son esprit, gai et caustique à la fois. La nature l'avait doué de toutes les qualités qui font le causeur spirituel, aux saillies toujours assaisonnées de sel attique et relevées en quelque sorte par une fatuité de bon ton qui était alors le cachet particulier des grands seigneurs, et qui faisaient les délices des cercles à la mode et, de là, circulaient bientôt de bouche en bouche dans tout Paris (1).

Rivarol possédait à un degré peu commun la verve, l'entrain, l'à-propos de ce que l'on appelle l'esprit français. Le monde sceptique, frondeur et léger où il vivait était éminemment propre à mettre en relief ses brillantes qualités, mais aussi à l'exposer aux inconvénients qu'entraînent les honneurs de la popularité. En effet, ce n'est pas en vain qu'on excelle dans l'épigramme et dans les jeux les plus subtils de la parole ; on a même beau être un grand juge

---

(1) Page 23.

littéraire, improviser sur les hommes et les œuvres de son temps, des jugements marqués au coin de la justesse et du bon goût; lorsque, dans ces jugements, la dispensation du blâme est plus grande que celle de l'éloge, on froisse nécessairement l'amour propre d'autrui, on irrite les susceptibilités les plus dangereuses, celles de la médiocrité. C'est ce qui est arrivé à Rivarol, nous le verrons plus tard.

Sa définition de l'esprit et du goût est une fidèle peinture de lui-même, ainsi que le fait observer avec beaucoup de raison son biographe, avant de citer cette définition que je regrette de ne pouvoir reproduire ici. Heureux de ces succès de société qui ne lui coûtaient assurément aucun effort, Rivarol s'abandonnait, comme un vrai sybarite, à sa paresse et à son insouciance naturelles, et ne songeait, en épicurien, qu'à se couronner de roses, avant qu'elles eussent le temps de se flétrir (1).

Cependant cette vie si frivole et si dissipée avait fini par le lasser. Il comprit enfin que ce n'était pas assez de régner par des saillies ou par des merveilles d'élocution, et qu'il fallait aspirer à une gloire moins éphémère (2).

La première lance qu'il brisa, fut contre

(1) Page 33.
(2) Page 34.

l'abbé Delille, le chantre harmonieux des *Jardins*, de l'*Imagination* et de la *Pitié*. Sa critique fut spirituelle, mais acerbe, injuste même. En 1784, il fut couronné par l'Académie de Berlin, pour un mémoire sur les influences de la langue française. « Le choix d'un pareil sujet de lapart d'une académie étrangère, dit M. Curnier, devait flatter l'orgueil de la France, car il témoignait hautement de l'ascendant moral qu'elle exerçait dans le monde, ascendant que le grand siècle lui avait légué et qu'il avait établi sur de si solides fondements que les hontes de la régence et les humiliations du règne de Louis XV n'avaient pu le détruire. » L'auteur donne ensuite une analyse piquante de ce discours, qui fit alors tant de bruit ; il le trouve marqué au coin d'un esprit sage et original tout à la fois. Néanmoins, il croit devoir mêler quelques restrictions à l'éloge qu'il en fait, en relevant par des citations son manque de méthode, son défaut de liaison, la recherche et l'affectation du style dans lequel il est écrit.

M. Curnier passe ensuite à sa traduction de l'*Enfer*, du Dante, et expose avec beaucoup de justesse et de clarté les motifs qui portèrent Rivarol à s'occuper de ce difficile travail ; il en donne une exacte et impartiale appréciation, dans laquelle la part de l'éloge est égale à celle de la critique. Après les deux années qui suivirent la traduction de l'*Enfer*, nous voyons Rivarol se reposer sur des lauriers qu'il avait si aisément cueillis, reprenant, avec ses habitudes, ses mœurs de sybarite et de grand seigneur, ne sortant de cette paresse, à de longs intervalles, que pour écrire dans le *Mercure de France* quelques articles dont le plus remarquable fut un *Essai sur l'amitié*.

Cependant un vrai démon, le démon du bel esprit, avait en quelque sorte envahi tous les degrés de l'échelle sociale. Sous l'impulsion de ce mauvais génie, une nuée de petits écrivains, insectes de la littérature, qui fatiguaient le public de leurs bourdonnements incessants, s'étaient abattus sur la capitale. Les petits vers surtout de nouveaux Vadius et Trissotin pullulaient sous toutes les formes, c'était l'âge de l'*écrivaillerie* (1). Pour remédier à cette véritable plaie d'Égypte, Rivarol conçut et publia son *Petit Almanach des grands Hommes*, où toutes ces constellations, presque invisibles à l'œil nu, étaient rangées par ordre alphabétique et accompagnées d'une notice ironique (2). M. Curnier donne un curieux échantillon de ce singulier catalogue, dans le dialogue entre MM. Grouvelle,

(1) Page 69.
(2) Page 70.

Maistral, Morandet, Sanité, Waroquin de Saint-Florent et de la Viéville.

« Quelle fine et mordante ironie, ajoute-t-il ; Voltaire assurément n'eût pas mieux dit dans ses meilleurs jours. »

Cette satire fut accueillie avec un plaisir malin par le public lettré de l'époque, mais elle attira bien des haines à son auteur. Rivarol eut alors à se défendre contre forte partie, car des adversaire comme Lebrun et Marie Chénier n'étaient pas à dédaigner. Il se forma sous leur direction une coalition de gens de lettres, qui poursuivirent le pamphlétaire de leurs sarcasmes, de leurs libelles et de leurs chansons (1).

Rivarol tint tête à l'orage, et peu de temps après, il publia deux lettres sur la religion et la morale, en réponse à l'ouvrage de Necker, intitulé : *De l'importance des opinions religieuses*. Nous ne suivrons pas M. Curnier dans le tableau si vrai et si bien développé qu'il trace du mouvement philosophique, à cette époque, non plus plus que dans son analyse des lettres de Rivarol, où, à côté des notions les plus fausses ou les plus confuses et les plus contradictoires sur Dieu, sur l'âme, sur la religion, on peut découvrir çà et là des réflexions vraies, des pensées justes et

(1) Pages 77, 70.

profondes, qui forment un heureux contraste avec ce qui les précède et avec ce qui les suit, et qui frappent d'autant plus le lecteur, qu'elles sont mises en relief par un style vif et coloré (1). Rivarol, hélas! n'était pas le seul qui, dans ce temps de délire universel, sapât, avec une bonne foi qui effraie aujourd'hui, les fondements de l'édifice social dont la ruine devait entraîner celle même des philosophes et des libres penseurs.

Il avait de nombreux imitateurs dans les rangs les plus élevés, dans la noblesse et jusque dans le clergé. C'est ce qui fit que le sentiment religieux manqua, dès l'origine, à la plupart des amis de la royauté chancelante, aussi bien qu'à ses ennemis (2). Plus tard, on reconnut cette immense erreur ; mais il n'en n'était plus temps. Ces réflexions nous conduisent naturellement à la seconde partie du remarquable livre de M. Curnier. « Rivarol pendant la révolution. »

(1) Page 90. 91.
(2) Page 93.

§ II.

Après nous avoir initiés à la vie et aux écrits de Rivarol, avant la révolution, M. Curnier, dans une seconde partie, aborde cette terrible phase de notre histoire, qu'il expose avec autant de talent que d'impartialité. Il consacre un rapide mais consciencieux examen à cette société de la fin du XVIIIe siècle, dont les opinions en partie réalisées constituent, dit-il, sous tant de rapports, le fonds même de notre société actuelle. Il fait remarquer combien le grand mouvement de 89, aux aspirations si nobles, si libérales, dans le sens propre de ce mot, et si nettement formulées dans les cahiers des trois ordres, fut bientôt arrêté et détourné de son principe par de fatales circonstances, parmi lesquelles il signale avec raison, la faiblesse, les inconséquences du gouvernement, les prodigalités d'une cour étourdie et surtout les utopies politiques et philosophiques de J. Jacques Rousseau, alors si fort à la mode; enfin l'esprit d'incrédulité qui, chaque jour, faisait de nouveaux progrès. Mais, comme l'homme ne saurait vivre sans croire à quelque chose, à mesure que la foi chrétienne désertait les âmes, elle y était remplacée par maints systèmes divers et même contradictoires où l'on confondait les erreurs les plus funestes et les vertus les plus fécondes sous un gouvernement incapable de résister aux unes et de profiter des autres. « On préparait ainsi cette révolution extraordinaire, objet de tant de malédictions et de tant d'apothéoses, qui nous a dotés en définitive des plus belles institutions, mais où le bien s'est trouvé si étroitement lié au mal, qu'il n'est pas encore parvenu à se dégager entièrement de ses étreintes (1) ».

M. Curnier nous paraît confondre ici, dans les termes seulement, et, par l'effet d'une simple distraction, deux choses bien opposées, savoir la révolution proprement dite et le grand mouvement de 89, qu'il vient lui-même d'apprécier avec tant de justesse, en le distinguant clairement du premier. Il ne saurait donc en aucune manière être rangé dans la catégorie de ceux qui prennent ou affectent de prendre l'un pour l'autre, en haine de l'ancien régime, généralement peu connu et, partant, calomnié. Or, (et nous disons ceci exclusivement à l'adresse de ces derniers) entre ces deux choses il y a plus que des différences, il y a tout un

(1) Pag. 101.

abîme. Autant le mouvement du véritable 89, celui des Etats-Généraux, fut large, sympathique, religieux, libéral, dans la force du mot, tout en restant fidèle aux antiques et vénérables traditions de la monarchie, autant le mouvement révolutionnaire fut égoiste, arbitraire, cruel, despote et, avant tout, contempteur du passé. Tel il fut, tel il a été constamment depuis, toutes les fois qu'il lui a été loisible de se dessiner franchement. Les libertés civiles dont nous jouissons aujourd'hui ne sont en quelque sorte que les épaves du naufrage de 89, qui anéantit les libertés politiques, la décentralisation administrative et une foule d'autres améliorations que la monarchie avait conçues, que Louis XVI avait décrétées en principe et que les Etats-Généraux voulaient départir à la nation. L'esprit révolutionnaire vint à l'encontre de cet immense progrès et, soit par violence, soit par astuce et hypocrisie, il fourvoya la France, la dérailla de sa véritable voie, et la jeta dans un impasse où elle ne devait plus avoir désormais d'autre chance que celle du despotisme ou de l'anarchie. Voilà ce qu'elle doit à cette révolution que tant de sophistes, à la suite de Thiers et de Lamartine, voudraient, malgré l'autorité écrasante des faits, imposer à notre admiration, comme l'ère pour notre pays, de l'émancipation, de la liliberté et du progrès !

Dans son bel ouvrage (1) : *Des causes de la Révolution Française* (2), M. Granier de Cassagnac fait justice de ces prétentions des révolutionnaires et de la révolution. Il démontre, pièces en main, que, méditant et voulant réaliser toutes les réformes et toutes les améliorations dont l'ancienne monarchie était susceptible, Louis XVI avait spontanément proposé, le 22 février 1787, les conseils de la commune, du district et de la province avec l'élection pour base, l'égalité absolue de l'impôt territorial, l'adoucissement de la corvée, la diminution des impôts indirects, le dégrèvement de celui du sel, la liberté du commerce des grains, etc. etc. ; le 5 juin 1787, un Conseil de Finances, chargé de publier tous les ans un tableau exact des recettes et des dépenses ; le 8 mai 1788, une haute cour formée de toutes les grandes situations du royaume, sans exception, et chargée d'examiner et d'enregistrer les lois, une réorganisation radicale de tous les tribunaux et de toutes les cours de justice, une révision du code pénal, un code uniforme de lois pour toute la France, une réforme complète des universités et de l'enseignement du droit, et une amélioration du ré-

---

(1) En 4 vol. Paris 1850, chez Garnier, frères, rue Richelieu, 10.
(2) Chapitre XI, où se trouve le Résumé de l'ouvrage.

gime des prisons; le 27 décembre 1788, l'égale admissibilité de tous les citoyens aux emplois, une double représentation accordée au Tiers-Etat, l'abolition des lettres de cachet, l'établissement de la liberté de la presse, la réunion périodique des Etats-Généraux, toutes réformes, toutes améliorations, tous progrès promis de nouveau et solennellement par Louis XVI, le 23 juin 1789, sans préjudice de ce que les Etats Généraux pourraient proposer encore.

« Si le lecteur, poursuit M. Granier de Cassagnac, se rapelle et considère, qu'au lieu de réaliser cet immense et admirable programme de réformes, que les cahiers des bailliages et des sénéchaussées avaient unaniment acceptées avec la base fondamentale de la monarchie, les députés de l'Assemblée constituante lui substituèrent les rêves et les utopies de la déclaration des droits de l'homme; que, pour faire triompher ces théories et pour satisfaire leur ambition, ces députés organisèrent le régime des clubs de Paris, qu'ils comptaient de tenir asservis, tandis que ces clubs les asservirent; que ces clubs, ces soulèvements, ces émeutes de Paris ont dominé l'Assemblée constituante, l'Assemblée législative et la Convention, renversé l'ancienne monarchie et imposé la république à la France; que, pendant dix ans, du 14 juillet 1789 au 9 novembre

1799, la France a été bouleversée, ruinée, ensanglantée par les factions révolutionnaires, uniquement préoccupées de leurs intérêts, sans qu'aucune d'elles ait voulu ou pu fonder des institutions régulières ; que les trois seuls grands et glorieux gouvernements que la France ait eus depuis un demi-siècle, l'empire, la restauration et le gouvernement de juillet, ont dû précisement la plus notable portion de leur grandeur et de leur gloire à l'établissement, au perfectionnement et à la consolidation de ces réformes proposées par Louis XVI, (en 1787, 1788, 1789), et ajournées et gâtées, pendant 10 ans, par les partis révolutionnaires ; si le lecteur pèse et considère tous ces faits, dont nous avons placé le tableau sous ses yeux, ne sera-t-il pas fondé à se demander si la révolution, loin d'avoir hâté la civilisation de la France, a été autre chose qu'une stupide et sanglante inutilité ? (1) »

Nos lecteurs me pardonneront cette citation un peu longue, qui, d'ailleurs, rentre parfaitement dans mon sujet, relativement à une importante époque de notre histoire, qu'on s'est plu à obscurcir et à nous présenter sous de fausses couleurs. Il serait donc bien à désirer que les honnêtes gens de tous les partis s'entendis-

---

(1) Des causes de la révolution française, tom. IV, chap. XI.

sent enfin pour réduire à son juste, à son véritable sens ce mot « révolution », en ne l'employant que pour désigner un régime qui a dévoré à la France près de 7 milliards en pillage, en réquisitions, en emprunts forcés; qui a fait tomber cinq cent mille têtes, et n'a abouti qu'à une banqueroute de cinquante milliards. Mais revenons à Rivarol et à son historien.

Enfin arriva le 5 mai 1789, jour de la réunion des Etats-Généraux. Tout, ainsi que nous en avons déjà fait la remarque, tout, dans la composition de cette assemblée, était propre à inspirer une entière confiance et à faire présager le triomphe salutaire des idées de progrès et de liberté, cimentées par les traditions nationales et par l'esprit public; religieux et monarchique, qui, de tout temps, avait été la gloire et la force du pays. — Hélas, ce rêve fut de bien courte durée! L'inexpérience des uns, les tendances exagérées des autres, et, par dessus tout, les menées d'un parti, qui, sous le nom de jacobinisme, avait juré une haine mortelle à la religion, à la royauté, vinrent entraver et définitivement faire avorter ce grand mouvement de 89.

Rivarol, en homme d'esprit et de bon sens, remarqua bien vite cette marche rétrograde, imprimée par la révolution; il n'hésita pas à se jeter au devant du péril, et la royauté et la noblesse qui l'avaient si souvent renié et poursuivi de ses quolibets, trouvèrent en lui leur plus vigoureux athlète et leur plus intrépide champion (1). Tandis que les Mirabeau, les Barnave, et, dans un autre camp, les Maury, les Cazalès représentaient à la tribune, dans l'assemblée, les partis déjà nettement dessinés dans les clubs et dans la presse, c'était à cette dernière tribune que Rivarol défendait avec autant de talent que de courage les grands principes de la société, à la ruine desquels, dans un autre temps, il avait lui-même contribué. La presse, dont M. Curnier nous trace une esquisse complète et fort intéressante depuis 1631, époque de ses faibles commencements, jusqu'a 1789, était devenue alors une puissance presque exclusivement révolutionnaire, car, une fois proclamée libre, tous les partis s'étaient emparés de cette arme nouvelle ; mais ce fut le plus ardent à tout renverser qui s'en servit avec le plus de succès (2). A ses innombrables organes le parti monarchique opposait les *Annales politiques et littéraires* ; le *Mercure politique*, de Mallet du Pan ; l'*Ami du Roi*, rédigé par Montjoie et l'abbé Royou ; le *Défenseur des opprimés*, le *Journal de*

---

(1) Pages 104 et 105.
(2) Page 112.

Prudhomme; enfin le *Journal politique national.* C'était dans ce journal qu'écrivait Rivarol, dont les articles ont été réimprimés depuis et réunis en un volume intitulé : *Tableau historique et politique de l'Assemblé constituante,* ou *Mémoires de Rivarol.*

Dans ces pages, dit M. Curnier, écrites chaque jour sous l'inspiration des événements qui se succédaient avec une effrayante rapidité, il y a de l'élévation, de la profondeur, de l'énergie, une grande indépendance. Le style en est clair, élégant, nerveux et coloré tout à la fois. Elles renferment des pensées dignes de Montesquieu, des prévisions qui ne seront que trop justifiées et qui rappellent en quelque sorte les paroles prophétiques de M. de Maistre, comme celle-ci, par exemple : « Les vices de la cour ont commencé la révolution, les vices du peuple l'achèveront (1). »

Bravant les fureurs populaires, qui alors étaient si facilement excitées, il dénonça dès les premiers jours ce qu'il appelle les Etats-Généraux du Palais-Royal, « où, dit-il, s'était formée comme une seconde assemblée des communes, qui, par la vivacité de ses délibérations, par la perpétuité de ses séances et le nombre de

---

(1) Pages 116 et 117.

ses membres, l'emportait sur la première, mais qui ne se contentait pas du paisible pouvoir législatif, joignant les exécutions aux motions, et ameutant par ses émissaires le petit peuple de Versailles (1). »

Nous regrettons de ne pouvoir faire entrer dans notre cadre forcément restreint la brillante analyse que donne M. Curnier, du *Journal politique* de Rivarol. Les citations heureusement choisies qui y abondent, révèlent toutes les qualités de cet écrivain, mises désormais au service de la bonne cause ; et, comme le remarque son biographe judicieux, nous sommes déjà bien loin des *Lettres sur la religion et sur la morale.*

Mais, la publication la plus importante dans ce genre, qui sortit de la plume de Rivarol, fut celle intitulé: *Les actes des Apôtres,* titre ironique, par lequel il désignait les apôtres ou coryphées de la révolution. On sait que cette revue, qui a perdu aujourd'hui beaucoup de l'intérêt que lui prêtaient les circonstances du moment, avait alors, grâce au mérite de l'à-propos et au talent de ses rédacteurs, un succès prodigieux. M. Curnier en donne de nombreux et de piquants extraits où, à côté d'une foule de saillies et de traits heureux on regrette de rencontrer de puérils

---

(1) Page 122.

jeux de mots, des plaisanteries inconvenantes et de mauvais aloi sur les mystères et les pratiques de la religion, sur les sujets les plus tristes, les plus horribles mêmes, sans parler de certains passages, omis à dessein, où les lois de la pudeur et de la morale ne sont que trop souvent méconnues.

La renommée de Rivarol arriva jusqu'à Louis XVI, qui exprima le désir de le voir; l'écrivain lui dit courageusement la vérité sur la situation, en lui représentant *qu'il était temps qu'il fit le roi, car sans cela plus de roi* (1). De tels conseils ne pouvaient être goûtés par le timide monarque, dont la faiblesse et les irrésolutions allaient attirer sur la France un déluge de maux. Rivarol vit aussi Marie Antoinette, qui avait toute la magnanimité et toute l'énergie d'une fille de Marie Thérèse, « le seul homme, disait Mirabeau, que Louis XVI eût auprès de lui (2). M. Curnier fait ici un portrait remarquable de cette reine, au cœur si grand, à l'âme si élevée, à la résignation si exemplaire, dont la conduite, la seule qu'elle pût suivre au milieu des nécessités et des impossibilités de la situation où elle se trouvait, excitera l'admiration de la postérité la plus reculée.

(1) Pag. 122.
(2) Pag. 172.

Rivarol puisa dans ces deux entretiens un nouveau courage pour la défense de la bonne cause à laquelle il avait voué son esprit et son cœur. Mais des menaces de mort avaient été proférées contre lui, dans le club des Cordeliers. Plusieurs des hommes qu'il avait poursuivis de ses satires, dans son *Petit Almanach*, étaient arrivés au pouvoir, et leur amour propre ulcéré ne pouvait guère résister au désir de se venger sur l'écrivain politique, des critiques acérées dont l'Aristarque avait jadis flagellé leurs propres écrits. Ce fut, pour se mettre à l'abri de leurs atteintes, qu'il parvint à se réfugier à Bruxelles où nous le suivrons pour ne plus le quitter, à travers ses autres pérégrinations, jusqu'au moment de sa mort.

§ III.

Après l'épouvantable journée du 10 août, qui fut la première étape de Louis XVI pour arriver à l'échafaud que lui préparait le jacobinisme, déjà tout puissant, Rivarol écrivit en faveur de l'infortuné monarque des lettres à l'adresse de la noblesse française et du duc de Brunswick, chef de cette coalition, qui, sous le vague prétexte de venir en aide à la royauté, ne voulait, au fond, que la ruine de la France, sur laquelle elle attira le double fléau de la guerre étrangère et de la guerre civile. Mais, obligé bientôt, à cause de l'invasion de la Belgique par l'armée républicaine, de chercher un refuge à Londres, il y fut bien accueilli par le célèbre Burke, qui professait une vive admiration pour ses écrits. Il y apprit la proscription et la captivité, en Autriche, de Lafayette ; de cet homme bizarre, aux allures si douteuses, si peu déterminées. M. Curnier en trace le portrait avec beaucoup de finesse et de vérité ; il reproche à Rivarol d'avoir été injuste envers lui, en le présentant sous un jour odieux, dans un libelle très-violent intitulé : *Vie de M. de*

Lafayette (1). Toutefois, au milieu de ce débordement d'invectives, il s'élève quelques-uns des « éclairs qui illuminent tout ce qui sort de la plume de Rivarol. » Il cite à ce propos ses réflexions sur l'arrestation de Louis XVI, à Varennes, et sur ses malheurs.

Rivarol se montra également injuste envers Mme de Staël, contre laquelle il écrivit une lettre pleine de sarcasmes sur son dernier ouvrage : *De l'influence des passions*, continuant ainsi les attaques qu'il avait déjà commencées dans les *Actes des Apôtres*. Il va jusqu'à refuser le don du talent à « cette femme supérieure, qui mêlait à une si brillante imagination une raison si fine et si profonde (2). » Il fait, du reste, à cette occasion, un parallèle très-ingénieux entre l'esprit et le talent, dont nous détacherons seulement ces dernières lignes de l'extrait qu'en donne M. Curnier : « Il y a généralement plus d'esprit que de talent en ce monde. La société fourmille de gens d'esprit qui n'ont pas de talent..... Le talent est ce qui donne aux idées l'éclat et la vie. »

Les vicissitudes de l'exil emmenèrent, en 1796, Rivarol à Hambourg, où il rencontra l'abbé Delille dont il avait fait une si acerbe cri-

(1) Page 186.
(2) Page 191.

tique, mais dont le talent poétique avait grandi aux tourmentes de la révolution. Le malheur qui les avait rapprochés, les réunit dans les liens de l'amitié, et ils apprirent bientôt mutuellement à s'estimer et à s'aimer (1). C'est là que, devenu le centre d'une société choisie, il publia les articles les plus saillants du *Spectateur du Nord*, et qu'il s'entendit avec un libraire de la ville, pour la composition d'un nouveau dictionnaire de la langue française, dont le plan était depuis longtemps arrêté dans son esprit.

Le prospectus de ce nouveau dictionnaire, qui est resté à l'état de projet, doit faire vivement regretter, dit M. Curnier, que la pensée de Rivarol n'ait pas été réalisée ; car il dénote les connaissances philologiques les plus étendues (2). Il suffit de le lire, ajoute-t-il (après en avoir fait un examen que nous voudrions pouvoir reproduire ici), pour être convaincu que, si Rivarol eût mis son projet à exécution, il eût élevé un édifice en rapport avec les progrès qu'avait faits l'esprit humain vers la fin du dernier siècle. Les regrets qu'il inspire sont encore augmentés par le *Discours préliminaire sur l'homme intellectuel et moral*, qui était des-

---

(1) Page 192.
(2) Page 193.

tiné à précéder le dictionnaire. Ce discours devait se composer de trois parties ; nous n'avons que la première, intitulée : *De la nature du langage en général*, la seule qui ait été publiée. Cette magnifique préface est ce qui le recommande le plus à l'estime du monde lettré, malgré les défauts de plan, qui sont plus saillants encore peut-être que ceux que nous avons eu à relever dans le *Discours sur l'universalité de la langue française* (1).

M. Curnier apprécie d'abord le jugement porté sur cette œuvre par Marie Chénier, qui, n'ayant pas oublié les torts que Rivarol s'était donnés envers lui, laisse percer à chaque ligne les sentiments qui l'animaient contre l'auteur. Ensuite, il donne un aperçu fin, délicat et semé de citations amenées avec beaucoup d'àpropos, des réflexions et des pensées qui révèlent, dans cet important ouvrage surtout, chez Rivarol, le philosophe, l'observateur, le métaphysicien, en même temps que le brillant écrivain. L'impression générale, dit-il, qui est résultée pour nous de l'ensemble de cette section dont nous avons surtout admiré le style, c'est, qu'au fond, Rivarol était encore plus près de l'école philosophique qui définit l'homme *un animal raisonnable*, que de celle qui voit en

(1) Page 199.

lui *une intelligence servie par des organes.* Ce qui manque à cette dissertation, ce sont les sublimes données du spiritualisme chrétien, qui seul nous découvre les mystères de l'âme, sa grandeur originelle et ses glorieux attributs, qui seul relève et ennoblit l'humanité, sans surexciter son orgueil, et la divinise en quelque sorte sans anéantir ou sans rabaisser l'être suprême. Pour les faire briller à nos yeux, il faut une lumière plus vive que celle de notre vacillante raison, et cette lumière qui vient d'en-haut, n'avait pas pénétré dans l'esprit sceptique de Rivarol, ou y avait à peine jeté quelque faible rayon (1).

Dans une dernière partie intitulée : *Récapitulation*, Rivarol résume son système, en y ajoutant de nouveaux aperçus sur Dieu, sur les passions, sur l'importance des croyances religieuses au point de vue social. A propos des passions, il flétrit l'orgueil et surtout le fanatisme philosophique contre la religion, horrible invention de l'esprit révolutionnaire, de cet esprit éminemment satanique, dit le comte Joseph de Maistre; car, ainsi que le remarque judicieusement M. Curnier, jusque vers la fin du XVIII° siècle, les hommes n'avaient connu

(1) Pages 205, 222.

que le fanatisme religieux, et d'accord en cela avec la religion bien comprise, ils l'avaient condamné comme un des plus grands fléaux de l'humanité. Les fureurs d'une démagogie effrénée qui est allée bien au delà de tout ce que l'imagination peut concevoir, devaient mettre en lumière une autre espèce de fanatisme, plus terrible encore que son aîné, le fanatisme de la philosophie elle-même. Et l'on ne saurait s'en étonner..... Rivarol fait remonter la responsabilité des excès révolutionnaires à cette première génération de philosophes, qui, en sapant toutes les croyances, dans le but de réaliser les théories chimériques dont elle était éprise, a préparé les voies à celle qui lui a succédé pour détruire, à son tour, tous les principes conservateurs de l'ordre, de la paix et du bonheur des peuples (1). « Dans la physique, dit-il, ils n'ont trouvé que des objections contre l'auteur de la nature; dans la métaphysique, que doutes et subtilités; la morale et la logique ne leur ont fourni que des déclamations contre l'ordre politique, contre la religion et contre les lois de la propriété; ils n'ont pas aspiré à moins qu'à la reconstruction du tout par la révolte contre tout, et sans songer qu'ils étaient eux-mêmes

(1) Pages 227, 229.

dans le monde, ils ont détruit les bases du monde (1). »

J'ajouterai moi-même, que leur plus grand crime, et que le crime de leurs successeurs, encore hélas ! trop nombreux, c'est d'avoir voulu légiférer, gouverner les hommes, leur imposer de soi-disant constitutions, sans Dieu, et contre Dieu ; c'est d'avoir voulu fonder tout un système de gouvernement sur cette lamentable donnée de négation de Dieu et de sa révélation, contrairement aux traditions et à la pratique de tous les peuples, sans en excepter un seul. Et voilà pourquoi notre malheureux pays, dénué de cette base, sans laquelle, dit le prophète divin, la maison la plus habilement construite d'ailleurs, ne saurait tenir sur elle-même, ressemble, avec toutes les magnificences de l'art, de la science, de l'industrie, des monuments, qui en font la gloire, à un beau palais, supérieurement disposé, coordonné et décoré, mais qui, n'ayant pas de fondement, ne se tient debout que par artifice, et peut être emporté d'un moment à l'autre par le premier souffle venu de n'importe quel point de l'horizon. Voilà d'où sont sorties ces révolutions fréquentes, ces filles de la *Grande* révolution, qui

(1) Pages 231 et 232.

ont trop souvent ébranlé et mis à deux doigts de sa perte une société dont l'existence ne tient qu'à un fil.

Que je voudrais pouvoir citer d'un bout à l'autre le beau paragraphe suivant, commençant par ces mots : « Leur philosophie avait un air d'audace qui charma la jeunesse et en imposa à l'âge mûr », qui complète admirablement ce tableau déjà si admirable des hommes de la philosophie, de ses ravages et de son châtiment! Quel tableau, s'écrie ici M. Curnier, que celui de ces sophistes emportés par la tempête qu'ils ont eux-mêmes déchaînée en donnant le signal de l'insurrection contre Dieu et contre les grandes lois qui émanent de lui, trouvant des bourreaux dans leurs satellites, se croyant victimes d'une affreuse méprise, et redemandant vainement leur proie ou *quelque nouvelle terre à régénérer !* Quel tableau que celui de ces monstres vomis par l'enfer, qui leur apparaissent à l'entrée du pont qu'ils ont construit sur le cahos, et qui les empêchent de reculer en les appelant leurs pères! Cet emprunt fait au barde sublime de l'Angleterre, *à l'homme qui a le mieux peint les démons et l'enfer,* est un de ces traits sublimes qui abondent chez Rivarol. Nous n'avons rien de plus saisissant dans tous les jugements portés sur les causes de la révolution. Qu'il est difficile de faire un choix dans ces pages brûlantes ! On se laisserait aisément entraîner à tout citer (1).

Après ce tableau, fait de main de maître, Rivarol en trace un autre plus émouvant encore, celui du régime de la terreur. Ici, de même, je voudrais pouvoir reproduire tout au long cet extrait qui ne saurait être morcelé, et où l'on retrouve surtout l'énergique pinceau de Tacite et les vives couleurs de Joseph de Maistre (2).

Quand le *Discours préliminaire* parut, dit M. Curnier, la Convention, lasse de faucher des têtes, avait mis fin à sa sanglante dictature, et le Directoire régnait sur la France. Ce gouvernement faible, bizarre, immoral, n'était pas de force à vivre en face de la liberté de la presse, au milieu d'une nation indignée de tant d'iniquités. Il ne permit pas que le *Discours* fût publié en France ; voilà pourquoi il y eut si peu de retentissement.

Rivarol s'occupait alors d'un autre ouvrage qui devait être intitulé : *Théorie du corps politique*, qui est resté inachevé et dont son exact et judicieux biographe nous dit, qu'à en juger par les fragments que nous a conservés Chenédollé (5),

---

(1) Pag. 237.
(2) Pag. 244.
(1) L'auteur du poème : *Du génie de l'homme*, dont le quatrième chant, de son propre aveu, a été puisé, quant au ond, dans le manuscrit de Rivarol.

il eût assuré probablement à son auteur une place parmi nos plus grands publicistes s'il eût pu y mettre la dernière main et développer d'une manière complète les prémisses qu'il y avait posées.

Quelque temps après la publication du *Discours préliminaire*, Rivarol quitta Hambourg où sa causticité avait, dit-on, indisposé les esprits contre lui, pour aller à Berlin. Il y fut très-bien reçu par le roi et par le prince Henri, et présenté à la princesse russe Olgorouska, dont le palais était le rendez-vous des poètes et des savants. La princesse ne tarda pas à être sous le charme de cet homme aimable et spirituel, et lui voua une tendre amitié. Le lauréat de l'académie de Berlin trouva encore vivant dans le monde littéraire de la capitale de la Prusse le souvenir de ses succès académiques ; il y rencontra aussi une nombreuse émigration, dont il devint bientôt le coryphée, quoiqu'il fût loin de partager toutes ses passions (1).

Quelque agréable et honorable que fût sa position à la cour de Prusse, Rivarol avait sans cesse les yeux tournés vers la France, qu'il aimait toujours comme sa patrie. Il désirait d'y rentrer, mais il n'osait l'espérer. L'exil devait

---

(12) Pag. 260, 261, 262, 263.

en effet dévorer sa vie, et il avait le pressentiment du sort qui l'attendait (1).

Enfin arriva le 18 brumaire, qui vint anéantir un gouvernement méprisable et méprisé. Le héros d'Arcole, de Rivoli et des Pyramides renversa de son épée victorieuse ce pouvoir méprisé, et son génie réparateur releva l'édifice social de ses ruines.... Le premier consul avait fait cesser toutes les persécutions, et il avait convié tous les gens de bien, quels que fussent leurs antécédents et leurs opinions, à se rapprocher du gouvernement, pour l'aider dans l'accomplissement de sa mission providentielle. Rivarol, chez qui le patriotisme dominait l'esprit de parti, était bien fait pour répondre à cet appel. Il demanda la permission de rentrer en France, et elle lui fut accordée. S'il eût pu en profiter, le premier consul qui aimait à s'entourer de tous les hommes supérieurs, l'eût bientôt attiré à lui, et il eût certainement participé aux grandes choses qui signalèrent cette époque mémorable (2).... Mais au moment où il se disposait à retourner à Paris, Rivarol fut atteint, le 5 avril 1801, d'une maladie mortelle. Tout ce qu'il y avait d'illustre à Berlin, lui témoigna le plus vif intérêt. On le transporta à la campagne de la prin-

(1) Pag. 263, 264.
(2) Pag. 264, 265.

cesse Olgorouska ; là les soins les plus affectueux lui furent prodigués, mais rien ne put arrêter les progrès du mal, et il expira quelques jours après, à l'âge de 47 ans (1), sans que la religion fût appelée à lui prêter, à cette heure suprême, son aide et ses consolations.

Rivarol, quoique fortement convaincu de la nécessité de la religion pour l'ordre social, comme l'attestent mille passages éloquents de ses écrits, n'était au fond, qu'un déiste, en qui les excès d'une vie dissolue avaient dissipé les dernières étincelles de la foi. Telles étaient malheureusement les dispositions de la plupart des émigrés de ce temps-là, sans parler des impies, des esprits-forts déclarés. L'horrible catastrophe dont ils avaient été les premières victimes, n'avait ouvert les yeux qu'à-demi à ces hommes profondément imbus des préjugés d'une philosophie anti-chrétienne, qui, pendant un demi-siècle, avait trôné dans la haute société.

Le jour de la mort de Rivarol fut un jour de deuil à Berlin ; l'académie lui rendit les plus grands honneurs, et un homme fort spirituel, M. Gualtieri, major au service de Prusse, fit son oraison funèbre en termes aussi justes que bien sentis. Peu d'hommes, continue M. Cur-

(1) Pag. 265-267.

nier, après avoir reproduit ce morceau, jouirent de leur vivant d'une si grande popularité. Partout l'admiration qu'il excitait alla jusqu'à l'enthousiasme.

Rivarol fut de bonne heure l'enfant gâté de l'opinion publique; ses faveurs le suivirent dans l'exil, et ne lui firent jamais défaut. La postérité ne saurait trop le déplorer ; car cette réputation précoce et si aisément soutenue contribua beaucoup à arrêter son élan et à l'empêcher de donner toute sa mesure en achevant ce qu'il n'a fait en quelque sorte qu'ébaucher (1).

Dans une conclusion qui termine son beau travail, M. Curnier nous donne un résumé aussi brillant que complet des jugements si remarquables qu'il vient de porter sur Rivarol, considéré comme journaliste, comme philosophe, comme homme politique et comme écrivain, en insistant particulièrement sur cette prodigieuse facilité d'improvisation, sur cette éloquence prime-sautière, ce jet incessant de saillies, véritable feu d'artifice aux gerbes éblouissantes, aux bouquets étincelants, qui caractérisent cet homme extraordinaire et firent de lui le premier causeur des salons du XVIII siècle. Les nombreux extraits que j'ai donnés de ces remarqua-

(1) Pag. 270-272.

bles jugements littéraires, feront mieux comprendre que ne sauraient le faire mes réflexions personnelles, tout ce qu'il y a de finesse, de verve, d'élégance, de force et de variété dans le style de leur auteur, en même temps tout ce qu'il y a de goût, de justesse, de bon sens et de vérité dans ses appréciations morales et philosophiques. Mais, ce qui est particulièrement digne d'éloges, c'est le courage et l'indépendance dont il fait preuve, dans l'appréciation des personnages et des événements si nombreux qu'il met tour-à-tour sous les yeux du lecteur, en louant franchement ce qu'il y a de louable au point de vue de la religion, de la saine morale, et en blâmant avec une égale franchise ce qu'il y a de répréhensible à ce même point de vue. En un mot, le livre de M. Curnier n'est pas seulement l'œuvre d'un écrivain rempli de talent, il est encore, et avant tout, l'œuvre d'un homme de bien.

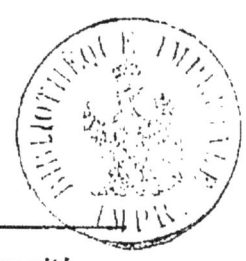

Valence, impr. MARC AUREL, rue de l'Université.

www.ingramcontent.com/pod-product-compliance
Lightning Source LLC
Chambersburg PA
CBHW061014050426
42453CB00009B/1441